AF498288

EXPLICATION

UTILE A TOUS.

Il y a dix-sept ans que je suis au milieu de vous, m'efforçant de faire du bien à tous selon mon pouvoir. Mais le bien qu'un curé doit opérer rencontre toujours des obstacles dans certains esprits et provoque ordinairement des clameurs. Je ne pouvais échapper à cet inconvénient que l'Évangile annonce à tous les prêtres, comme l'épreuve de leur zèle; je m'y attendais, et vous savez que jusqu'ici, on ne m'a pas ménagé.

J'ai gardé le silence autant que j'ai pu.

Mais il y a des esprits que le silence n'éclaire pas, n'apaise pas; il semble, au contraire, qu'il les irrite et les enhardit.

J'oublie toutes les imputations calomnieuses et grossières; mais je crois que, pour éclairer tout le monde, il

convient que je réponde au mot d'ordre répété encore
sur tous les points de la ville pour repousser naguère de
la municipalité des hommes honorables. « Ne votez pas
pour la liste du curé, car les hommes qu'elle désigne
veulent encore faire partir l'instituteur pour confier
l'école communale aux Frères. » Ce mot d'ordre, ac-
compagné de plusieurs manœuvres connues, a réussi
pour la troisième fois.

Je veux l'examiner devant le pays.

J'ai la confiance que le bon sens éclairé des habibants
me rendra justice ; et que tous resteront convaincus qu'en
essayant de faire le bien selon ma conscience, je n'ai pas
cessé pour cela d'être un honnête homme, et l'ami de
tous.

On a signalé une liste du Curé. J'affirme que je n'ai
pas été consulté pour dresser cette liste, et j'avoue que
j'aurais été embarrassé pour en former une plus convenable. J'y vois les personnes les plus recommandables de
Pont, par leur position, par leur fortune, par leur intelligence, et les plus dévoués à la classe ouvrière, aux pauvres, et aux intérêts bien compris de la ville.

Peut-on nier cela ? Non. Mais c'est la liste du Curé !
Que veut-on dire par là ? Sans doute que ces personnes
honorables à tous égards, sont sympathiques au Curé,
ou au bien qu'il s'efforce d'accomplir ? Vraiment, c'est un
magifique éloge involontaire que l'on me fait, et dont
j'ai le droit d'être fier. Mais partout et toujours cette sym-
pathie des honnêtes gens est acquise au curé qui remplit
ses devoirs sincèrement et de son mieux.

Oui, je me sens honoré d'avoir de tels amis. J'ai même
la prétention de croire que toutes les personnes de l'autre

liste ne me sont pas hostiles. Voyez : il y en a parmi elles
un certain nombre désignées sur la liste proscrite. Comment arrangez-vous cela dans votre esprit ? Inscrites sur
la liste du Curé, ces personnes, dit-on, sont indignes de
tout suffrage, mais portées sur la liste opposée, elles méritent les voix de tous. C'est une contradiction qui n'a
pas été remarquée au premier moment. On a dit à une
partie de la population : « Repoussez la liste du Curé,
voilà l'ennemi ; votez pour l'autre, voilà le salut du pays;
et cette partie trompée a voté les yeux fermés.

Non ; il n'y avait pas de liste du Curé. Celle que l'on
décore de ce titre, était une liste de fusion composée
de personnes prises dans toutes les opinions. On avait eu,
en la dressant, la pensée de ramener dans le pays, la
concorde depuis long-temps bannie. C'était sage, et dans
l'intérêt de tous ; car tous doivent désirer la concorde, et
le Curé la désire plus vivement que tous.

Assurément, je regrette que mon nom ait servi d'épouvantail pour écarter de l'administration civile des hommes
dignes d'estime. Il y a quinze ans que l'on me représente
comme funeste au pays : à force de l'entendre répéter,
beaucoup ont fini par le croire, parce que je ne me suis
pas défendu. Voilà un des inconvénients du silence. Il est
convenable de parler quelquefois pour éclairer les esprits
et dans le but de les calmer. Je le fais aujourd'hui, sans
phrases, avec modération, et avec la volonté de dire la
vérité sans blesser personne.

Le Curé est vraiment un ennemi singulier! Voyez : il a
dépensé 40,000 francs pour acquérir une maison, des terrains, et pour exécuter des travaux de réparations ou de

constructions dont ont profité les carriers, les maçons, les charpentiers, les menuisiers, les peintres, les serruriers, les ferblantiers, etc. C'est une manière neuve d'agir en ennemi !

A-t-il négligé l'aumône pour faire bâtir ? Non.

Son budget se règle à 500 francs par an ; en certaines années même, il s'élève à 800 francs, à 1,000 francs, en bons de pains, de viande, de savon, de sucre, de sel, de linge, de vêtements, de secours divers pour loyers, pour éviter des saisies de meubles chez des malheureux, pour soulager des femmes en couche, pour payer la pension d'enfants placés à Domfront, à la Chapelle-en-Serval, à Compiègne, à Amiens, aux séminaires du diocèse, etc. C'est une somme totale de 12,000 francs versée dans le sein des malheureux ; jointe aux 40,000 fr. de travaux, c'est plus de 50,000 francs répandus dans le pays.

Il est évident qu'un Curé qui fait cela ne peut être qu'un ennemi !

Ce sont là des œuvres particulières. Il en est plusieurs autres publiques, provoquées par le curé, et faites avec le concours des personnes honorables de la *terrible liste*, et d'autres encore qui n'y figurent pas.

La Conférence de Saint-Vincent-de-Paul, fondée par le curé et approuvée par M. le Préfet, distribue aux indigents, aux vieillards, à domicile, pour 1,000 francs par an de pain, de vêtements, etc., etc. Depuis douze ans c'est encore 12,000 francs prélevés sur les économies du Curé et de ses amis.

La Société de Secours mutuels organisée par le curé, est autorisée par le gouvernement ; son président est

nommé par l'Empereur. Tous les hommes de la malheu-
reuse liste, et d'autres encore sont membres d'honneur
de cette société, comme le Curé. Leurs cotisations procu-
rent des secours aux ouvriers ; et tous les ans depuis dix
années, ces secours s'élèvent à 1,000 francs et plus par
an. Voilà encore 10,000 francs qui ont tourné au bien-
être de la classe travailleuse. Telles sont les œuvres que
les hommes sympathiques au Curé font de concert avec
lui.

Mais l'administration civile réclame assez souvent
aussi leur concours pour toute espèce d'objet, et toujours
ils répondent généreusement à son appel.

L'église aussi s'embellit tous les jours par leur généro-
sité.

Voilà, mes amis, les personnes que l'on vous présente
comme opposées à vos intérêts parce qu'elles ne haïssent
pas leur Curé. Et voilà le Curé lui-même. Près de 80,000
francs de son argent et des offrandes des personnes cha-
ritables ont été répandus depuis dix-sept ans dans le pays,
au profit des pauvres, des ouvriers et de l'église. Ne crai-
gnez-vous pas que votre répulsion ne ferme la bourse de
ces hommes généreux ? Ils sont en droit de le faire. Mais
je suis certain qu'ils ne le feront pas ; et si cette pensée
pouvait s'élever dans leur esprit, je les prierais avec ins-
tance de répondre à l'oubli du bienfait par de nouvelles
largesses.

Voilà donc, selon moi, ce que signifie ce mot : la liste
du Curé. Il veut dire dévouement des personnes riches
et bienfaisantes aux intérêts des ouvriers et des malheureux, et leurs concours continuel à toutes les œuvres
utiles que peuvent faire l'autorité civile et l'autorité re-
ligieuse. Le Curé prend toujours part à toutes ces œuvres

matérielles : mais il a une part beaucoup plus grande au bien moral : l'instruction chrétienne, le catéchisme, la visite des malades, la direction des cœurs.

Mais je ne veux point parler de ces grandes choses, car j'ai encore à expliquer la dernière partie du mot d'ordre, savoir : « Les amis du Curé veulent faire partir l'instituteur pour confier l'école communale aux Frères ; car ce sont eux qui ont demandé, il y a quinze ans, les religieux. » J'espère expliquer encore cette supposition gratuite, avec vérité et modération, sans froisser personne.

Oui, les Frères sont arrivés à Pont comme instituteurs communaux, et il est évident qu'ils n'ont pu venir à ce titre que demandés par le conseil municipal. L'école communale était tombée et presque déserte. La concurrence de trois instituteurs laïques avait enlevé tous les élèves payants, et M. Desmarest abandonné donna sa démission. Pour remonter une telle classe, il fallait des maîtres instruits et dévoués. Le conseil demanda des frères Maristes. Le Curé entra naturellement dans cette combinaison. Il la seconda même en offrant gratuitement le logement des religieux, et un local de classe beaucoup plus satisfaisant que celui de la ville. Il s'engagea pour 9 ans à payer les impôts, les réparations grandes et petites, et le mobilier des Frères, sans jamais demander d'indemnité. La ville ne dépensa pas un sou pour cet établissement ; le curé seul en supporta tous les frais. Le traitement des trois frères fut fixé à 730 francs par an. Les rétributions des écoliers, ou le Curé à leur défaut, devait compléter le traitement. Je le fis durant plusieurs années sans réclamations : cependant le conseil municipal louait l'ancienne école 270 francs par an, ce qui amena, au bout de neuf années , 2,430 francs dans la caisse communale.

On le voit, le conseil sauvegardait assez bien dans cette affaire, l'intérêt pécunier de la ville. Maintenant tout cela est changé. Le maître laïque reçoit 1,500 francs de fixe, et les centimes additionnels fournissent leur part à ce traitement. Je ne blâme pas cela ; mais, puisque mes amis et moi nous payons comme tout le monde, je crois avoir le droit d'en faire la remarque. Ainsi, les amis du Curé n'avaient pas si mal compris les intérêts financiers de la ville dans cet arrangement.

Mais avaient-ils si bien compris les intérêts de l'école ?

Le grand intérêt d'une école, c'est une bonne discipline, une instruction solide, et une sérieuse éducation du cœur. Les religieux ont-ils apporté ces avantages à l'école ? Je réponds par ce seul fait. Au bout de trois ans, tous les enfants aisés avaient quitté les écoles privées, et recevaient avec plaisir les leçons des Frères. Les procès-verbaux des visites des Inspecteurs d'arrondissement, de la délégation du canton constatent que cette école offrait une tenue parfaite et une solide instruction donnée avec intelligence à tous les enfants, et non pas à quelques privilégiés seulement destinés à faire le relief de la classe. Dans le classement général des écoles du canton, celle-ci occupait le premier rang : je me souviens encore que, la dernière année où elle fut communale, M. le Maire, assistant à l'inspection, fut si content, qu'il offrit séance tenante, dix francs pour acheter des récompenses. Voilà la vérité.

Depuis lors cette école est devenue libre et un petit pensionnat y est annexé. La dernière inspection de cette année faite par la délégation au complet, et en présence de plusieurs parents, a prouvé que cette classe n'a pas

baissé, et qu'elle tient toujours la tête des écoles du canton. Le local, comme pensionnat, satisfait à toutes les con-
ditions de l'hygiène, le régime alimentaire est excellent ;
les enfants y sont heureux. Les parents trouvent là sous
leurs yeux, pour leurs fils, une instruction soignée, et
les attentions paternelles qu'ils seraient obligés d'aller
chercher au loin au prix de plus grands sacrifices. J'ai
encore à compléter le traitement des quatre religieux,
tant qu'ils ne pourront pas se passer de mon concours à
fournir le mobilier, à payer les impôts, les réparations de
la maison. C'est une charge encore de 1,000 francs par an.
Déjà cependant les dépenses de l'établissement s'élèvent
à plusieurs milliers par an. Elles atteignent depuis cinq
années plus de 25,000 francs : faites dans le pays, elles
profitent aux boulangers, aux bouchers, aux épiciers, aux
cordonniers, etc.: voilà des bénéfices réels. Les amis du
Curé, sans doute, ne dédaignent pas ces avantages. Mais,
néanmoins, ils n'eussent pas pensé à demander pour cela
le renvoi de l'instituteur. Ils se fussent contentés de désirer comme tout le monde que l'école communale con-
servât le premier rang dans le canton, ou du moins ne
s'en éloignât pas trop.

J'ai répondu, il me semble, au mot d'ordre produit,
non par moi, devant le peuple pour l'égarer. Je crois avoir
dit la vérité sans aigreur, et sans froisser personne. Puisse
ce simple exposé éclairer les esprits et calmer les cœurs !

Je résume en un chiffre le bien qui a été fait de mes
propres deniers, et avec le concours des personnes honorables auxquelles on reproche d'être de mes amis. C'est
plus de 100,000 francs qui ont tourné à l'avantage des

ouvriers, des pauvres, de l'église et aussi de la commune.
Le bien déjà fait est grand, mais celui qui reste à faire
est plus grand encore; tous les dévouements, et tous les
cœurs devraient se réunir pour remplir cette tâche im-
mense.

Cette entente serait-elle impossible, et les fils ne
pourraient-ils plus comprendre leur père qui en définitive
s'épuise pour eux? J'augure mieux de vos sentiments.
mes chers paroissiens. Pour moi, je vous le déclare, en
vérité, je vous aime tous comme mes enfants, et je serais
heureux de voir tous nos efforts réunis pour l'améliora-
tion morale et matérielle de notre petite cité.

Et vous, hommes généreux appelés d'un nom qui m'ho-
nore et que je répète avec amour: mes amis, vous m'avez
aidé par vos largesses à réaliser un peu de bien, recevez
le témoignage sincère de ma vive reconnaissance. Votre
concours dévoué à mes œuvres, je le sais, n'a pas arrêté
vos œuvres particulières. Quelle merveille admirable !
Plus de 100,000 francs descendus de vos mains sont allés
sous mes yeux, secourir l'infortune, donner du travail
aux ouvriers, ou orner le sanctuaire : d'autres milliers
que vous cachez dans le sein de Dieu ont circulé en se-
cret, et porté la vie à des familles souffrantes. Organes
modestes de la Providence, ne vous lassez pas. Un jour
viendra sans doute, où la population appréciera mieux
vos générosités. Mais certainement Dieu, qui récompense
le verre d'eau froide donné en son nom, vous bénira.

Pont-Sainte-Maxence, le 2 août 1865.

Arras, typ Rousseau-Leroy, rue Saint-Maurice, 26.